Sam the Detective's
Reading
Readiness
Book

by Amye Rosenberg

BEHRMAN HOUSE, INC.

To the children

Copyright © 1982 by Amye Rosenberg
Published by Behrman House, Inc.
11 Edison Place, Springfield, NJ 07081
www.behrmanhouse.com
ISBN 0-87441-362-1

Reading Exercises by Ruby G. Strauss
Design by Marsha Picker

Manufactured in the United States of America

How to use Sam the Detective's reading readiness book.

Say the name

①

Trace

②

Color

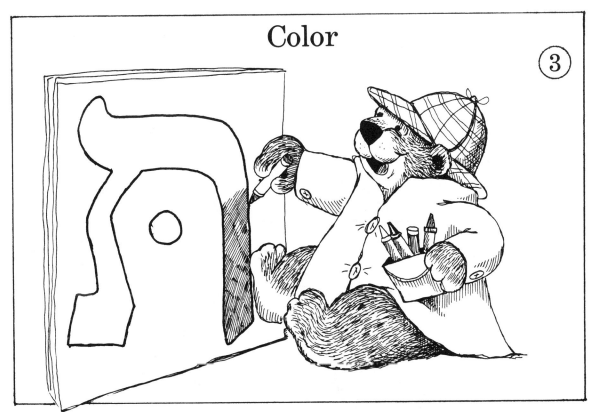

③

Sound the pictures

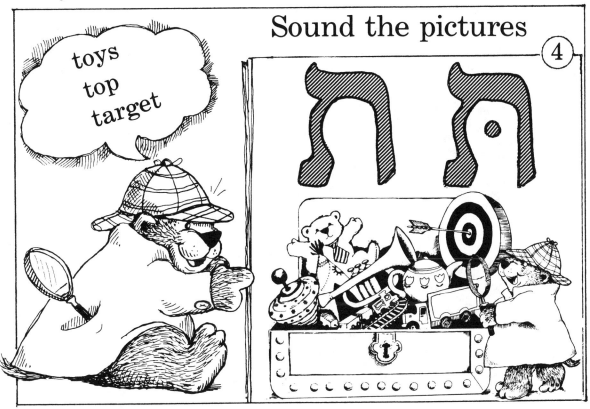

④

toys
top
target

Tav ת תּ

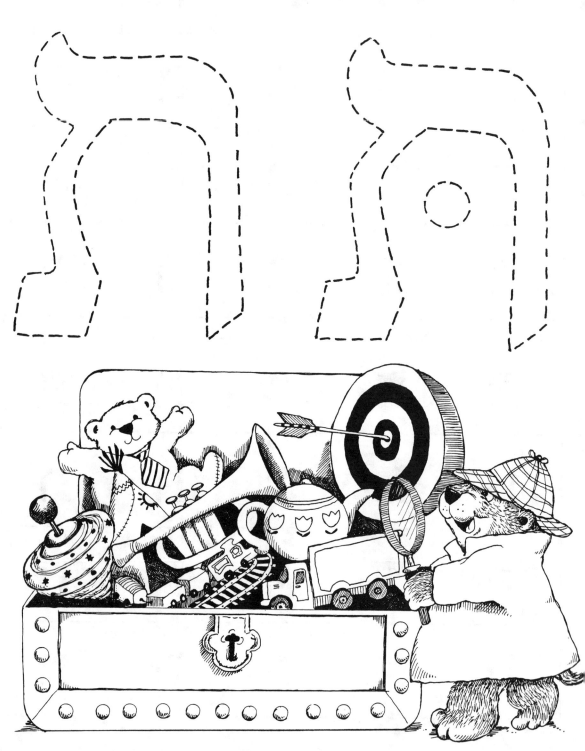

תּ	ת	ת	תּ	תּ
ת	תּ	ת	תּ	ת
ת	תּ	תּ	ת	תּ
ת	תּ	ת	תּ	ת

תּ	ת	תּ	תּ	תּ
ת	ת	ת	תּ	ת
תּ	תּ	תּ	תּ	ת
ת	תּ	ת	ת	ת

Shin ש

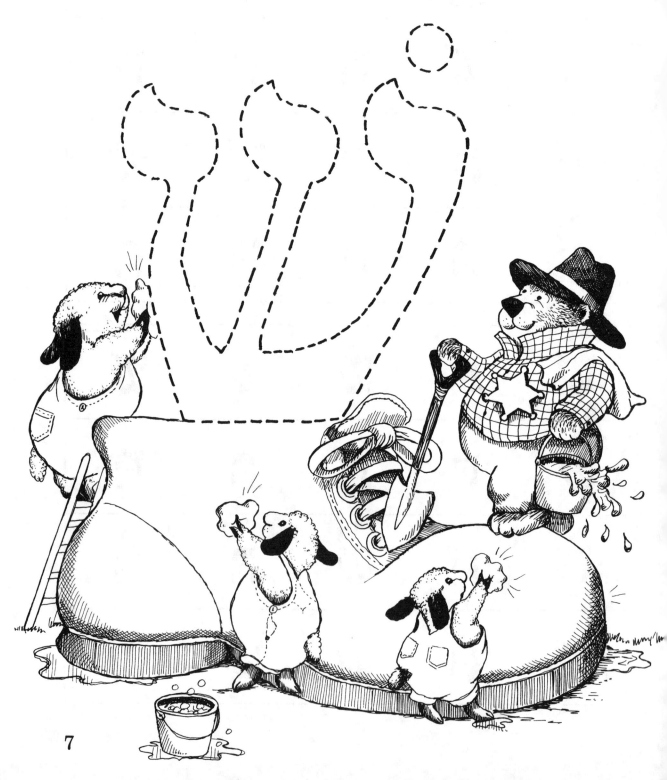

ת	שׁ	תּ	שׁ	שׁ
תּ	שׁ	תּ	ת	תּ
שׁ	ת	תּ	שׁ	שׁ
שׁ	ת	ת	תּ	ת

שׁ	ת	שׁ	שׁ	שׁ
שׁ	תּ	תּ	תּ	תּ
ת	ת	שׁ	ת	ת
שׁ	תּ	שׁ	שׁ	שׁ

Resh ר

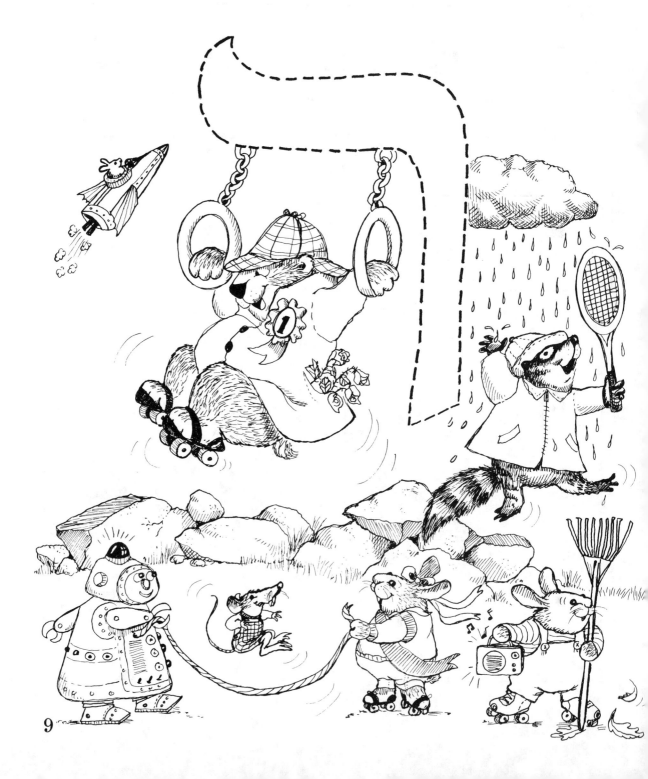

ר	תּ	שׁ	ר	ר
ר	שׁ	שׁ	ת	שׁ
תּ	ר	שׁ	תּ	תּ
ר	ת	ר	שׁ	ר

תּ	תּ
ר	ת
ת	ר

תּ	ר
שׁ	שׁ
ר	תּ

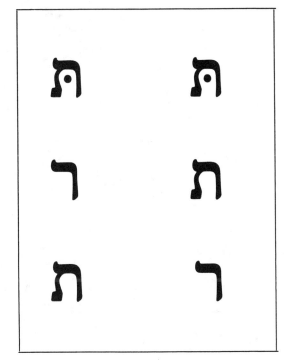

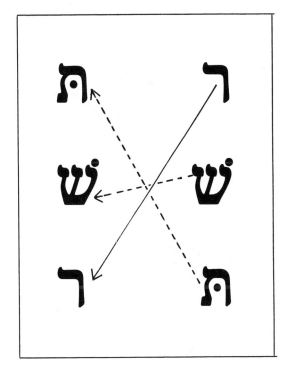

Dalet ד

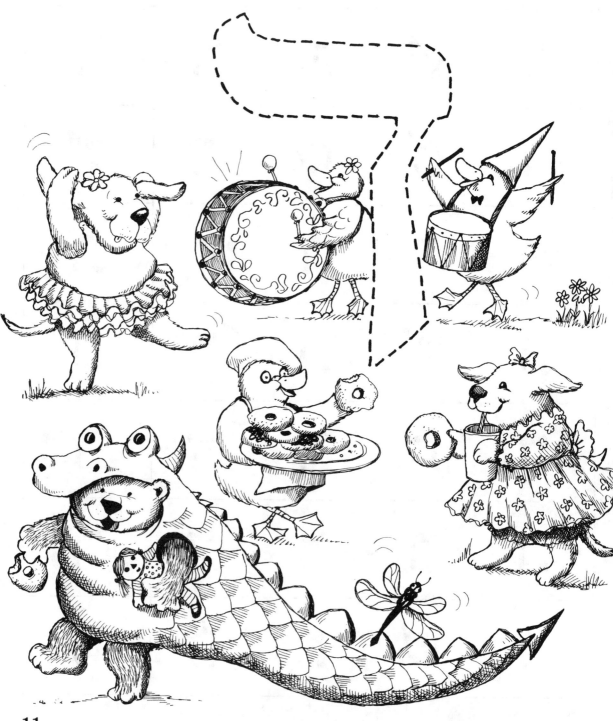

ד	ר	ד	שׁ	ד
ר	שׁ	תּ	ר	ר
ר	שׁ	שׁ	ד	שׁ
תּ	ר	ד	תּ	תּ
ת	שׁ	ת	ר	ת
ד	ת	ר	ד	ד
ת	ר	ר	ד	ר
ד	שׁ	תּ	שׁ	שׁ

Lamed ל

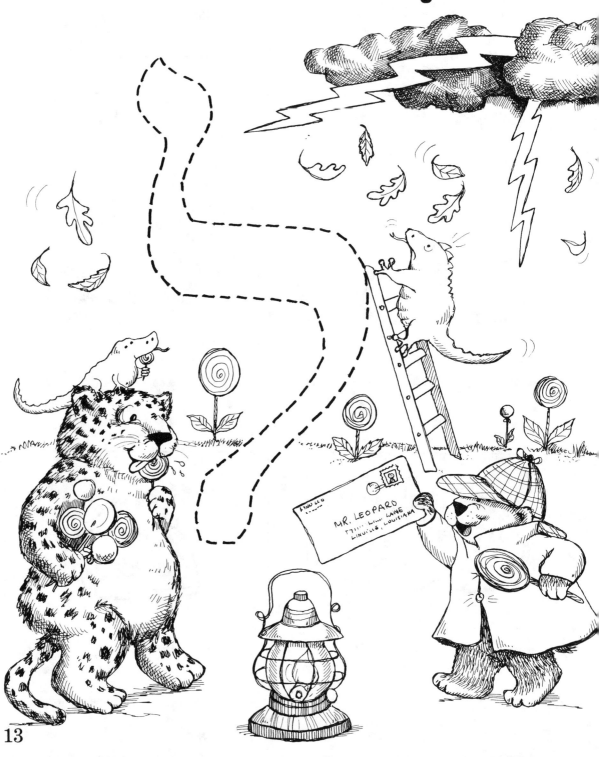

13

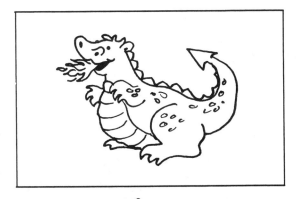

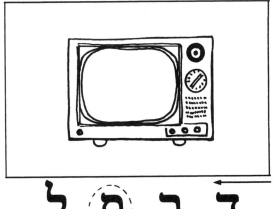

ד ר ת ל

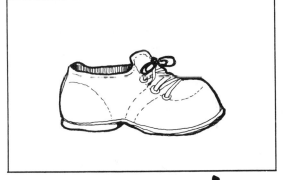

ר ד שׁ תּ

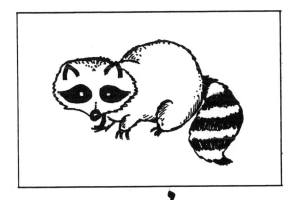

ר ל ד ת

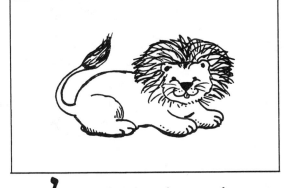

ל ר תּ שׁ

שׁ תּ ד ל

ר ד ת ל

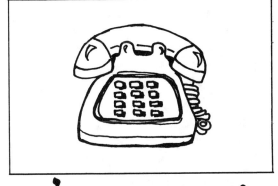

Bet בּ

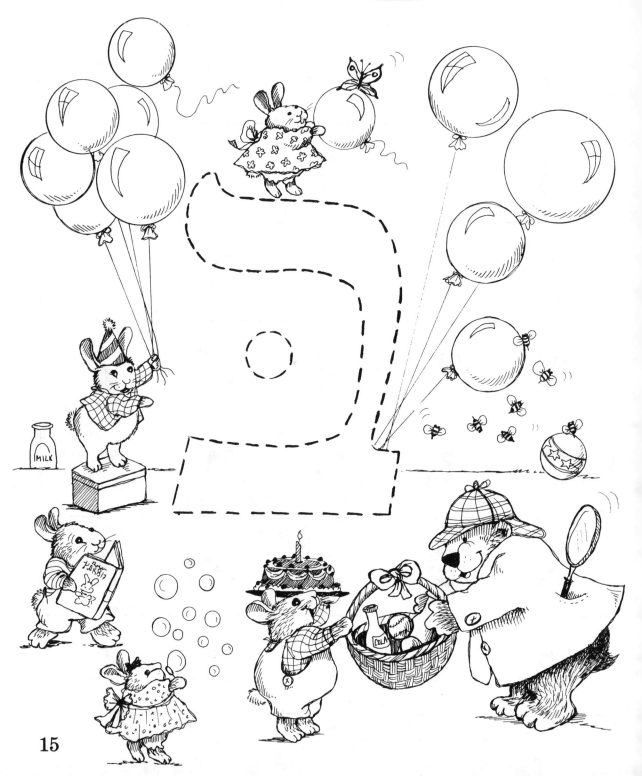

בּ בּ בּ תּ בּ

ל ל ד ל ל

ד ר ד ד ד

ר ר ר ד ר

שׁ שׁ בּ שׁ שׁ

תּ תּ תּ תּ בּ

בּ תּ בּ בּ בּ

ת ת ת ר ת

Vet ב

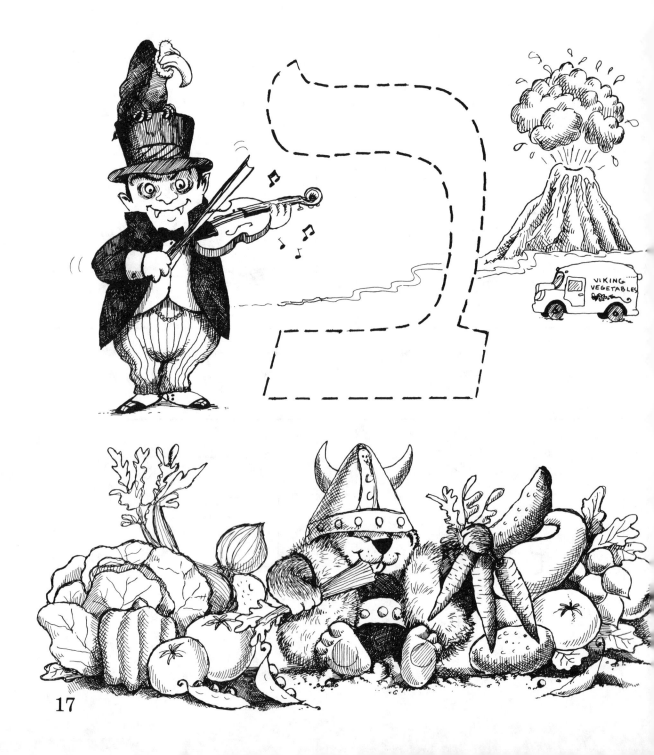

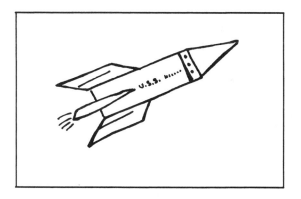

ב תּ ר ד

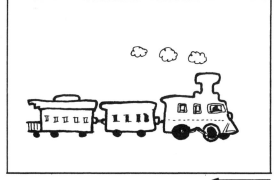

ד תּ ר שׁ

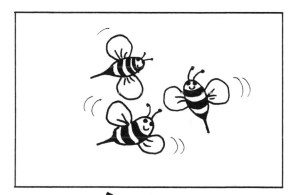

ב ד ר בּ

ת ב ל בּ

ב שׁ ל ת

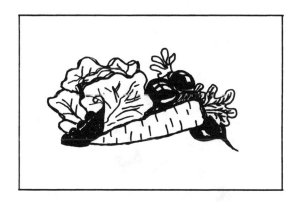

ד ת בּ ר

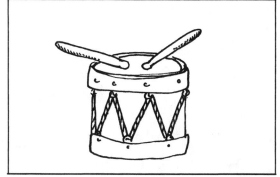

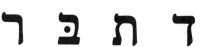

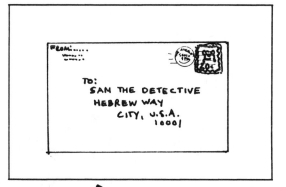

Mem מ ם

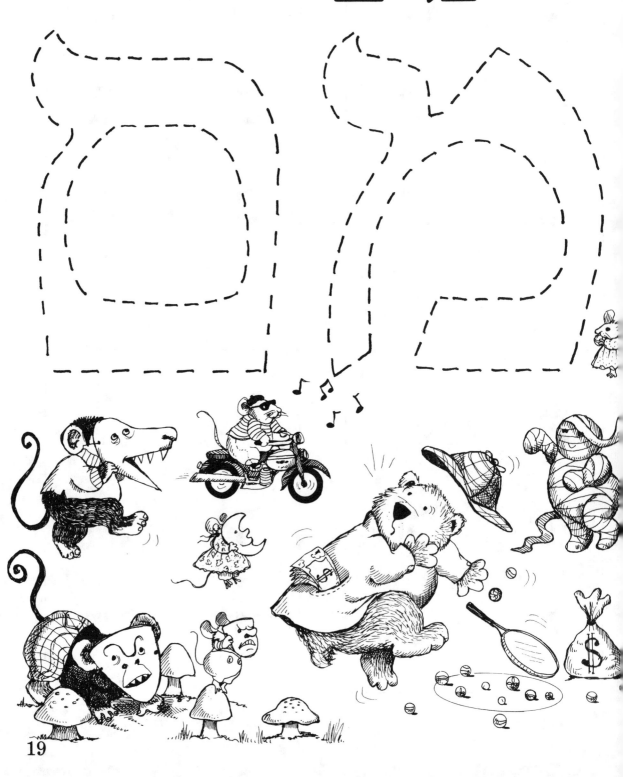

19

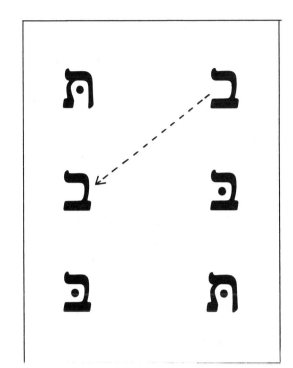

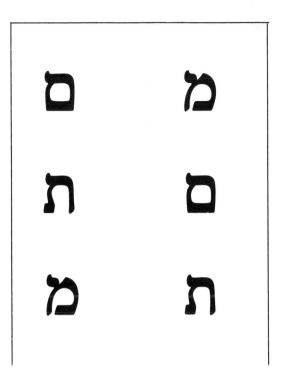

תּ	ב
ב	בּ
בּ	תּ

ם	מ
ת	ם
מ	ת

ל	ל
ד	ר
ר	ד

תּ	שׁ
שׁ	תּ
בּ	בּ

Nun נ ן

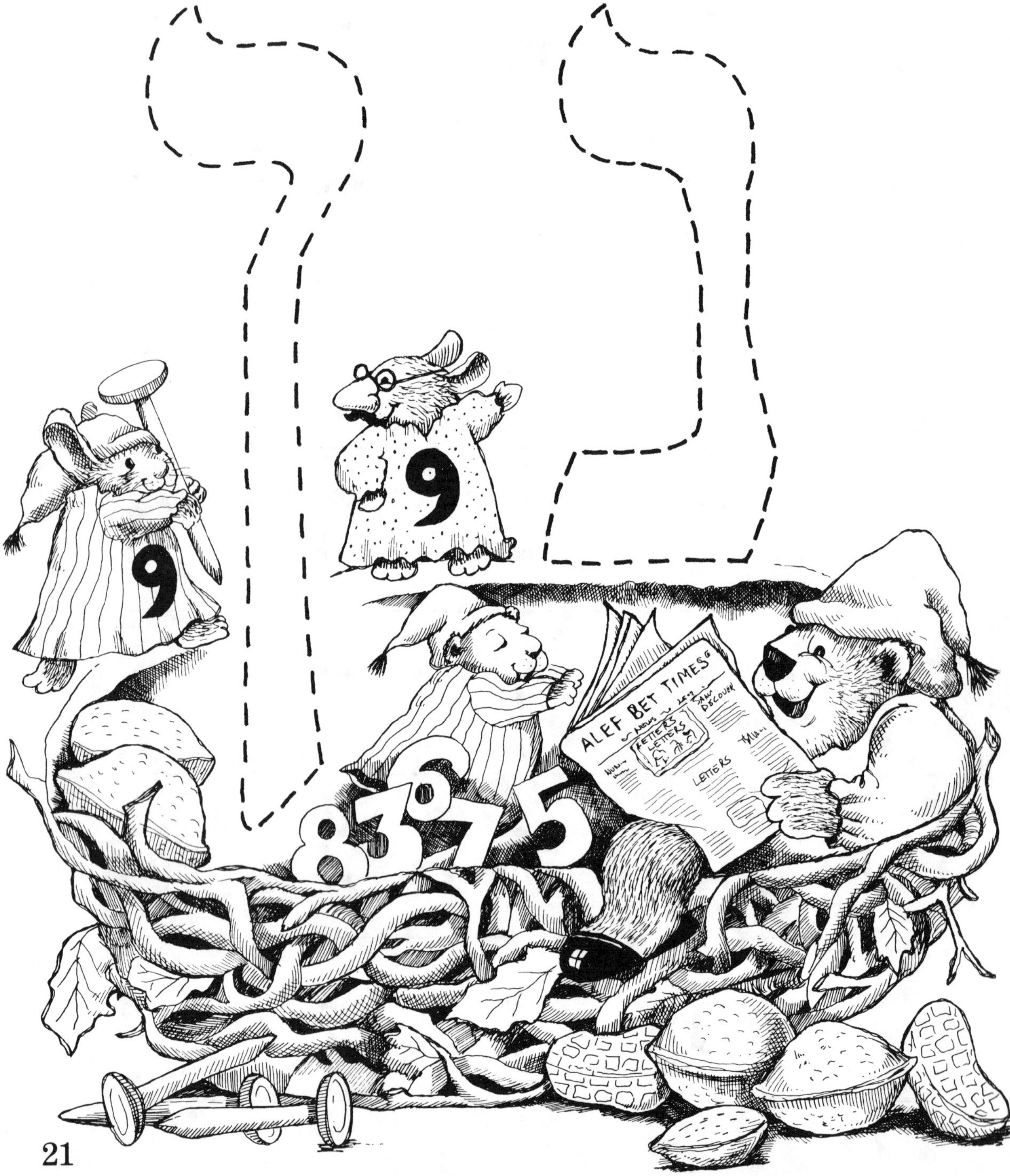

הקף את האות המתאימה (worksheet)

(4)	(3)	(2)	(1)	→
(נ)	בּ	ת	(נ)	נ
נ	שׁ	נ	מ	נ
נ בּ	ת מ	מ	מ	מ
ד	ר	ד	ן	ד
ר	ד	נ	ר	ר
ן	ס	ן	ד	ן
ס ס	ס	בּ ת	בּ ס	ס
ל ל	נ	ל ן	ל	ל

Gimmel ג

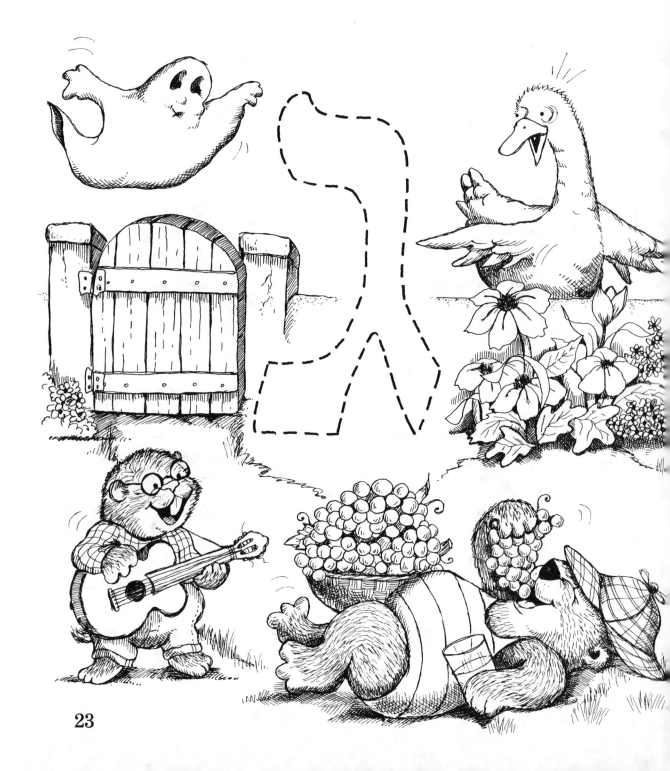

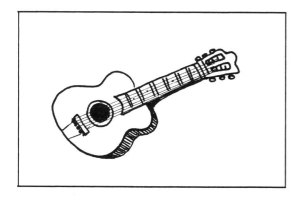

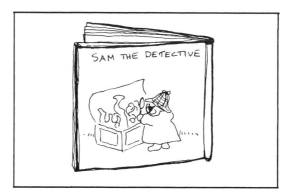

ת בּ ש ן

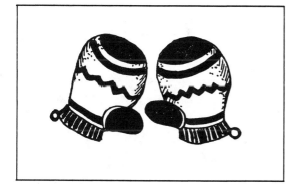

ר נ ג ת

ג ל נ ש

מ ב ד ן

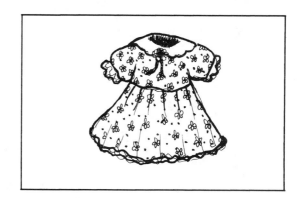

ג ר ס ד

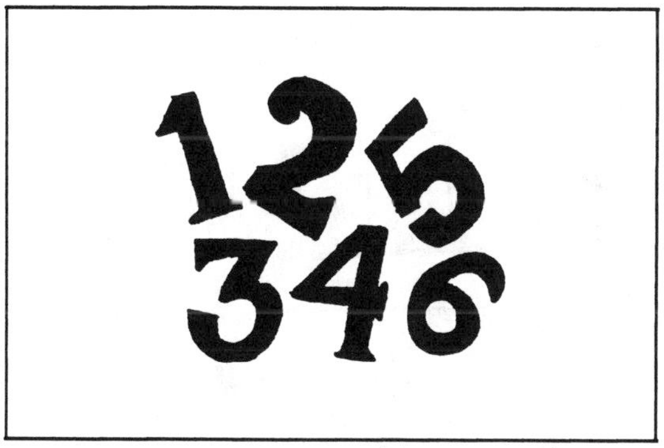

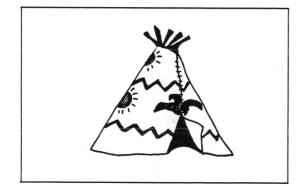

בּ תּ ס מ

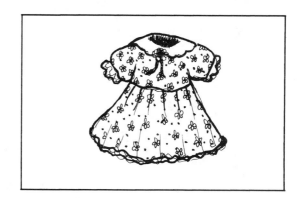

Hay ה

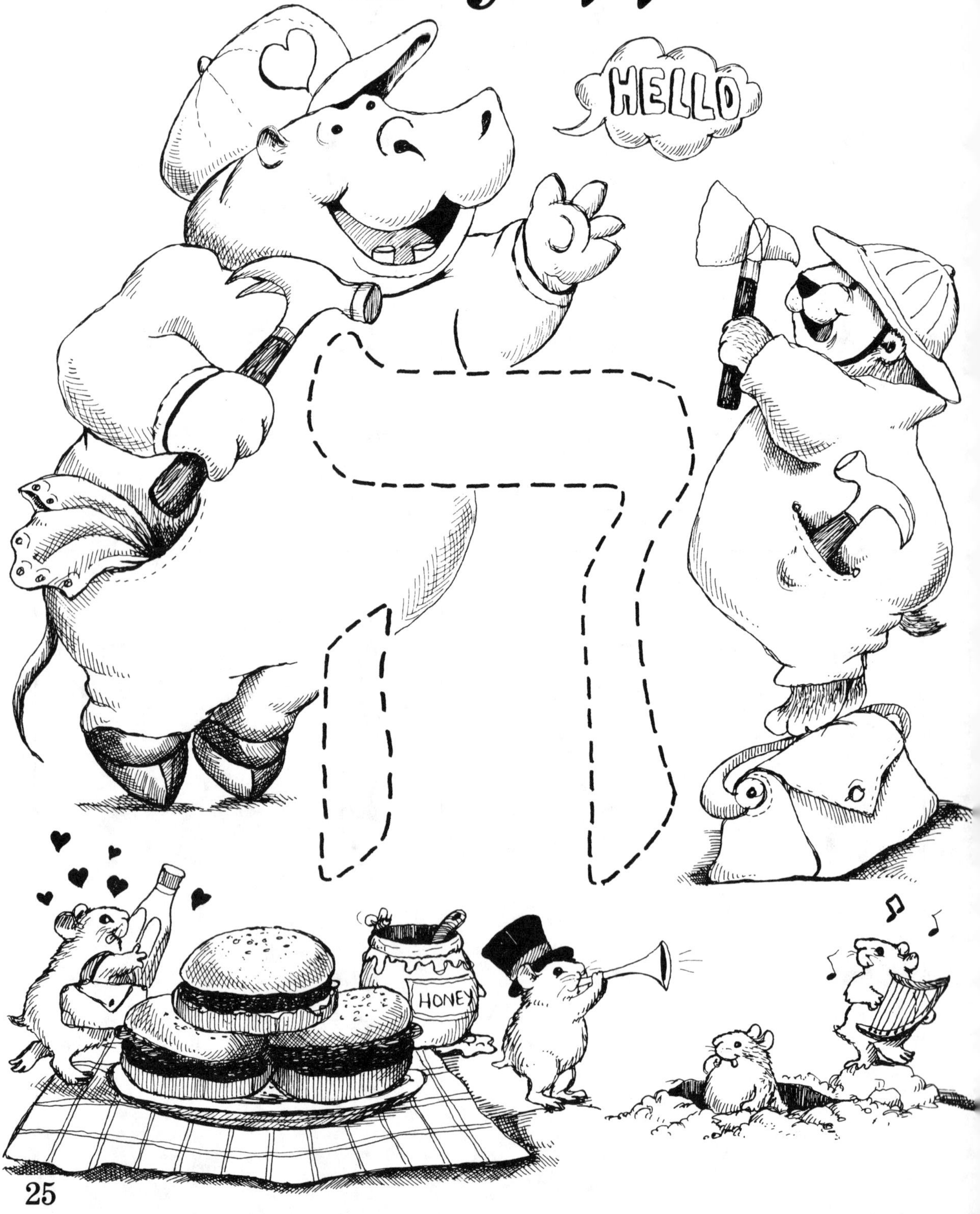

HELLO

25

נ	ג
ב	נ
ג	ב

ת	מ
מ	ה
ה	ת

ד	ה
ה	ר
ר	ד

ן	ל
ל	ן
ם	ם

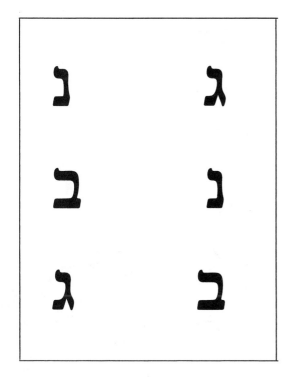

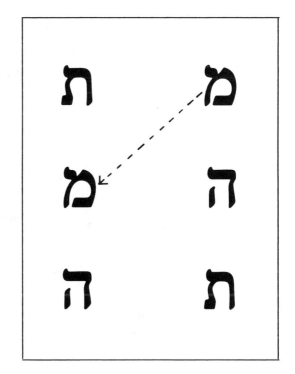

Chet ח

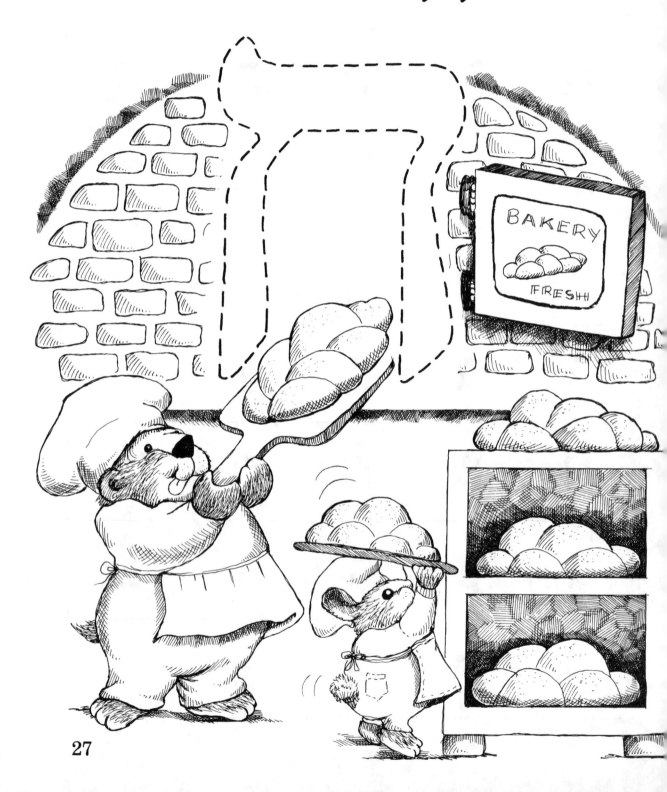

נ	~~ג~~	נ	נ	נ
ח	ח	ה	ח	ח
מ	ת	מ	מ	מ
ר	ר	ד	ר	ר
ג	ג	ג	נ	ג
ח	ח	ח	ח	ה
ג	ג	ג	נ	ג
בּ	תּ	בּ	בּ	בּ

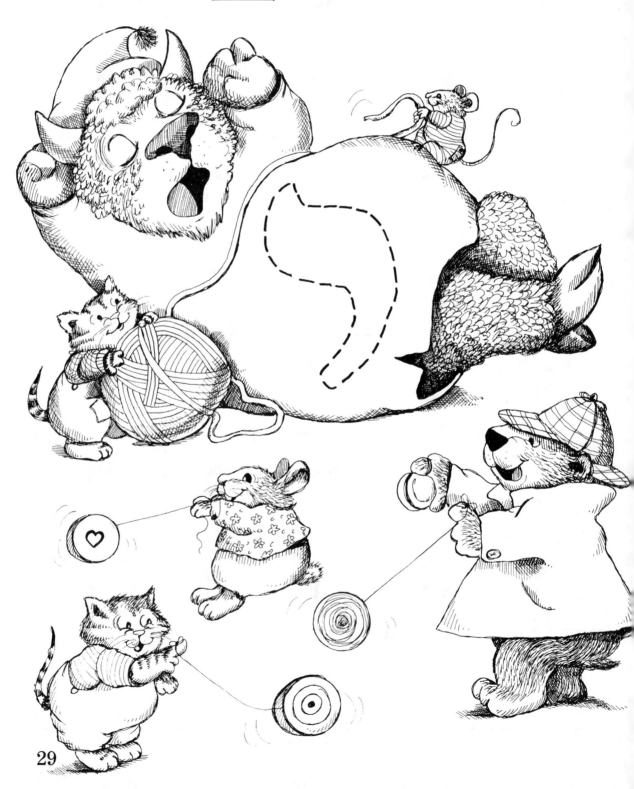

Yod י

ג	י	ג	נ	ג
ת	ה	ח	ה	ה
ת	ח	ח	ה	ח
י	נ	י	ן	י
תּ	בּ	שׁ	שׁ	שׁ
ר	תּ	תּ	בּ	תּ
ד	ה	ר	ד	ד
ן	ג	ן	י	ן

Alef א

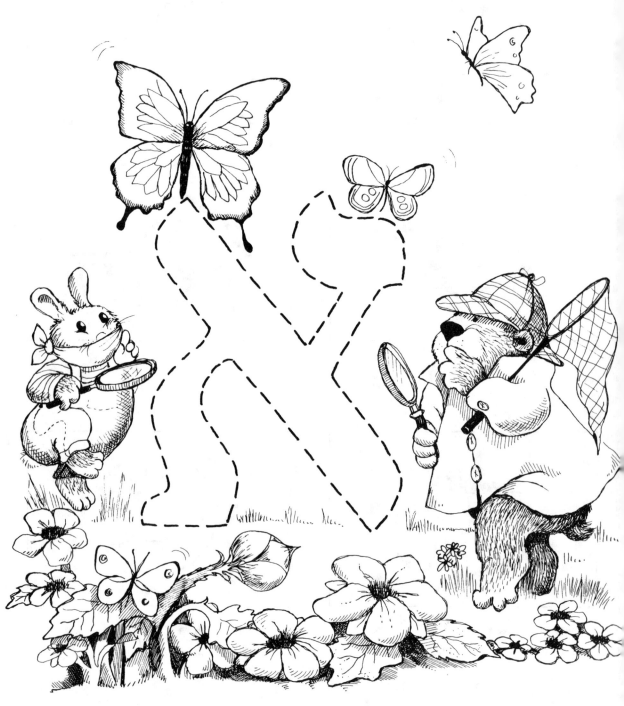

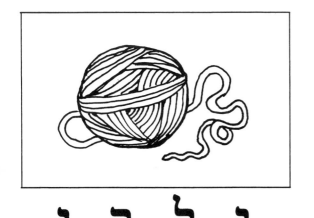

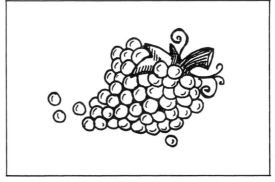

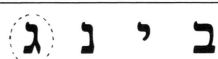

ב י נ ג

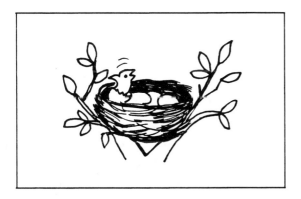

י ל ר נ

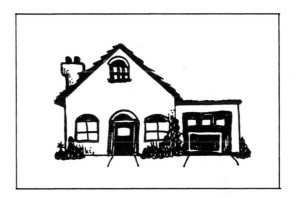

א ה ס ח

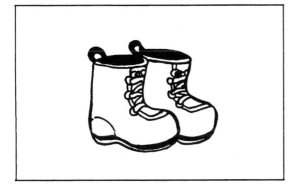

ג נ י ש

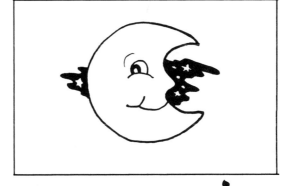

ל מ א ן

ת ב בּ ד

Ayin ע

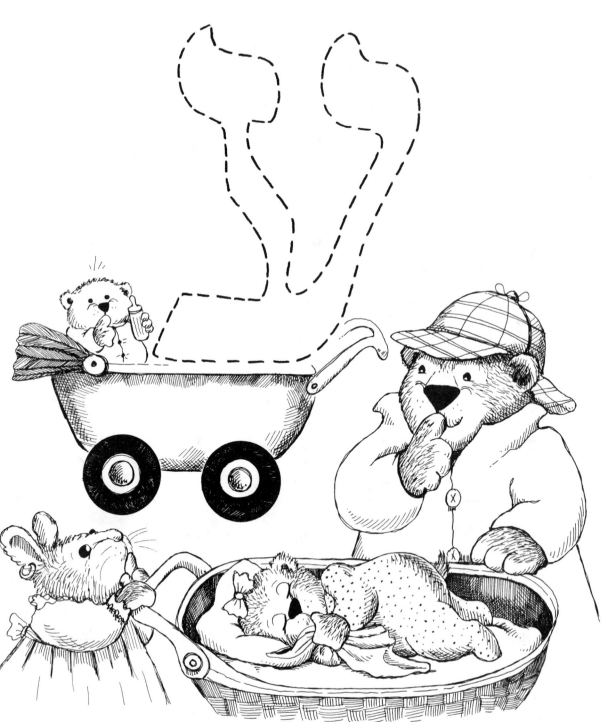

י	י	~~נ~~	י	י
א	ע	ע	ע	ע
ד	ד	ד	ר	ד
א	א	א	א	מ
ח	ה	ח	ח	ח
ג	ג	ג	נ	ג
תּ	תּ	בּ	תּ	תּ
מ	מ	מ	שׁ	מ

Sin שׂ

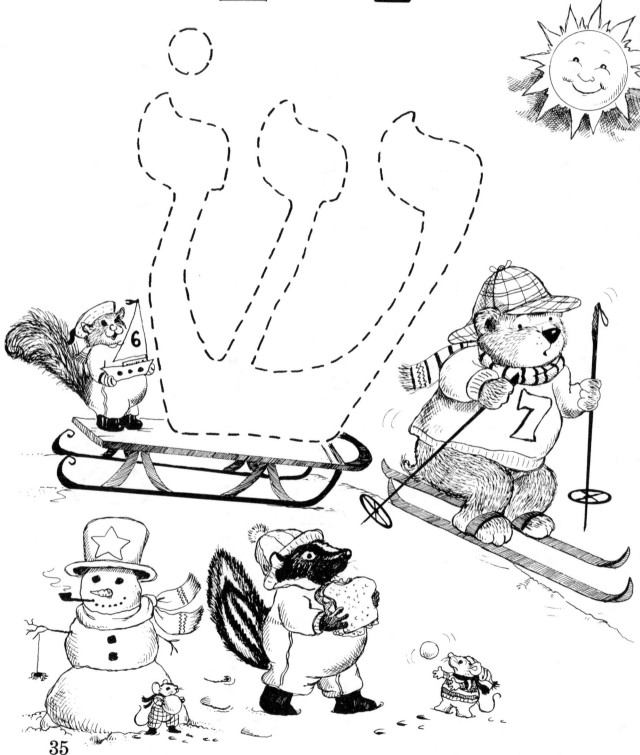

ת	ב	ח	ה	
שׁ	ג	שׂ	ם	
ה	ח	ת	ע	
ר	א	ת	מ	
ל	שׁ	שׂ	ב	
ד	ע	ר	ס	
י	ן	א	ג	
מ	שׂ	בּ	תּ	

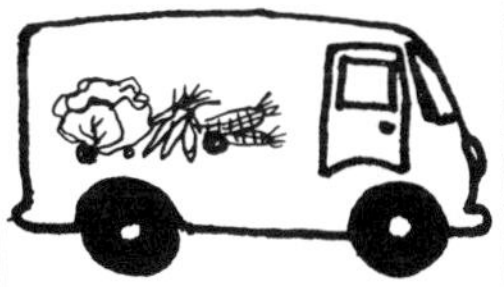

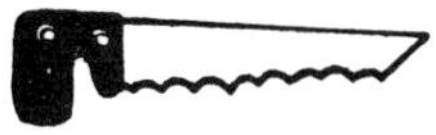

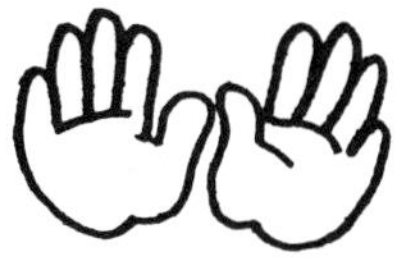

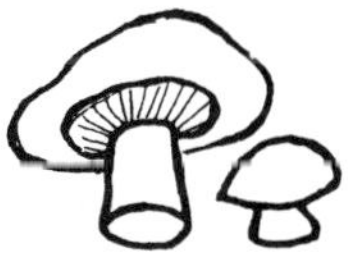

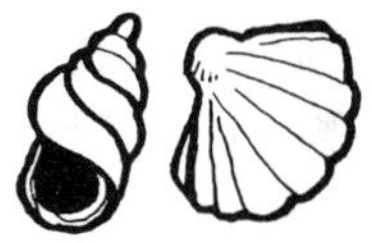

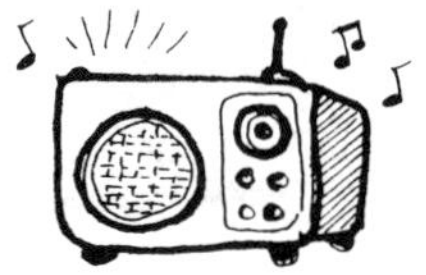

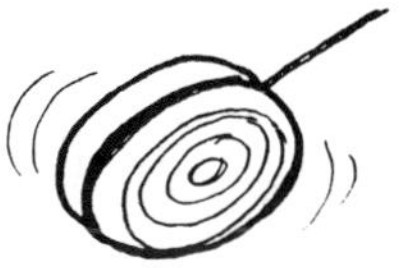

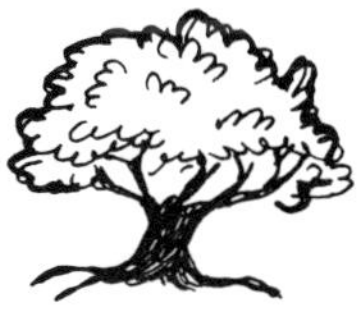

Koof ק

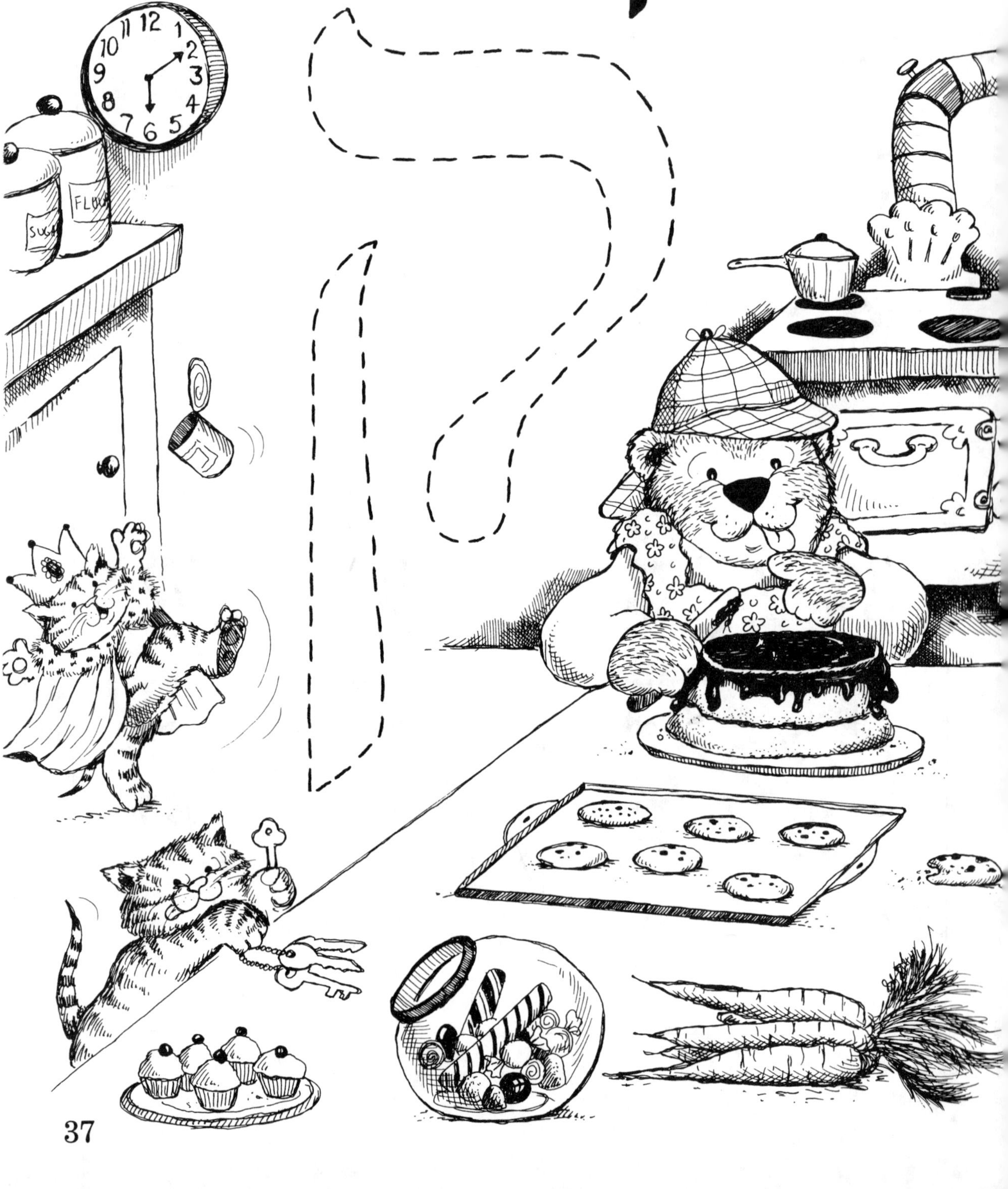

37

ד	ק
ר	ז
ז	ר
ק	ד

מ	א
א	מ
ת	ע
ע	ת

ג	ח
ח	ג
נ	ה
ה	נ

שׁ	שׂ
שׂ	בּ
בּ	שׁ
תּ	תּ

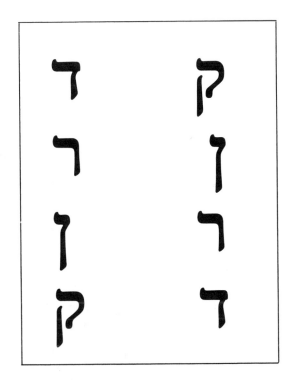

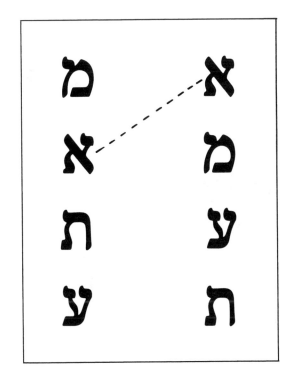

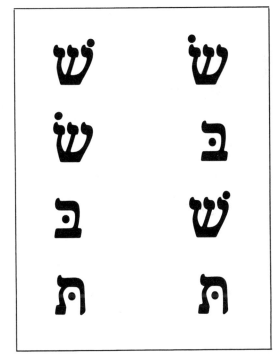

Kaf כּ

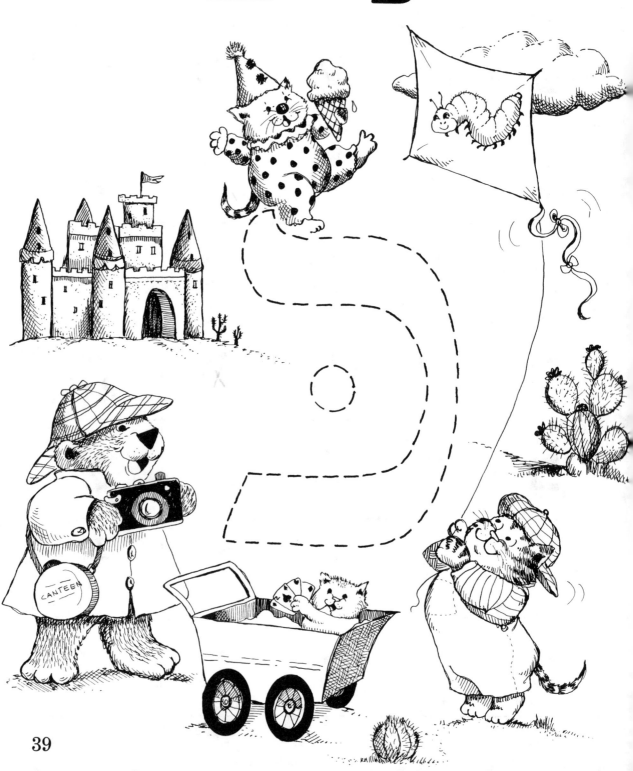

תּ	בּ	כּ	תּ	תּ
בּ	שׁ	שׁ	שׁ	שׁ
כּ	תּ	כּ	בּ	כּ
ע	ת	ח	ע	ע
ה	ח	ה	ת	ה
ב	ג	נ	ג	ג
ת	ד	ד	ר	ד
ת	ק	ק	ר	ק

Chaf כ ך

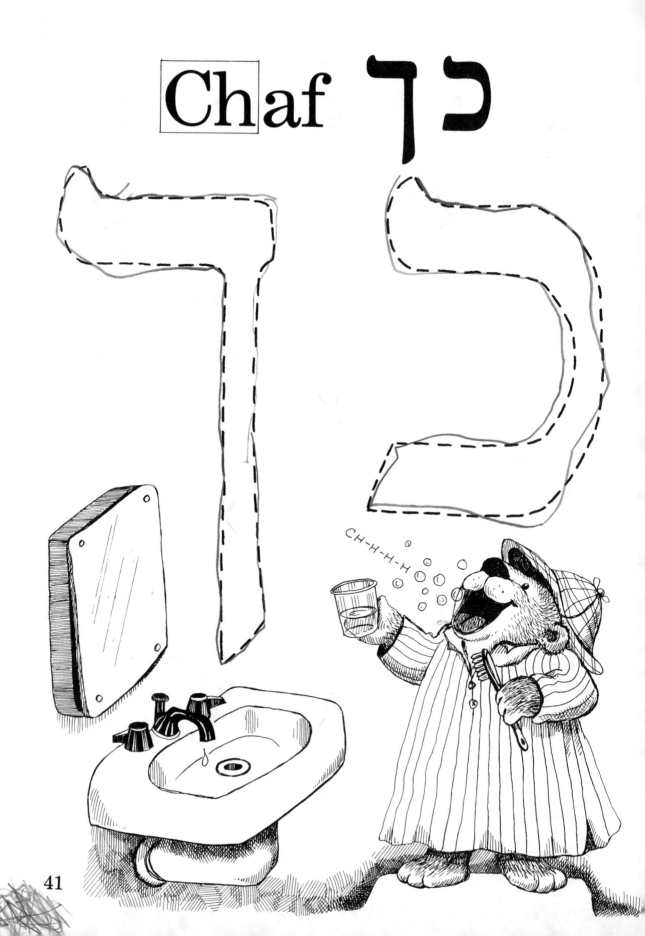

CH-H-H-H

41

א	א	ע	א	א
שׁ	שׁ	שׁ	שׁ	שׁ
כ	כ	כ	ב	כ
ד	ד	ז	ד	ד
כּ	כּ	כּ	בּ	כּ
ח	ת	ח	ח	ח
בּ	בּ	כּ	בּ	בּ
ל	ן	ל	ל	ל

Zayin ז

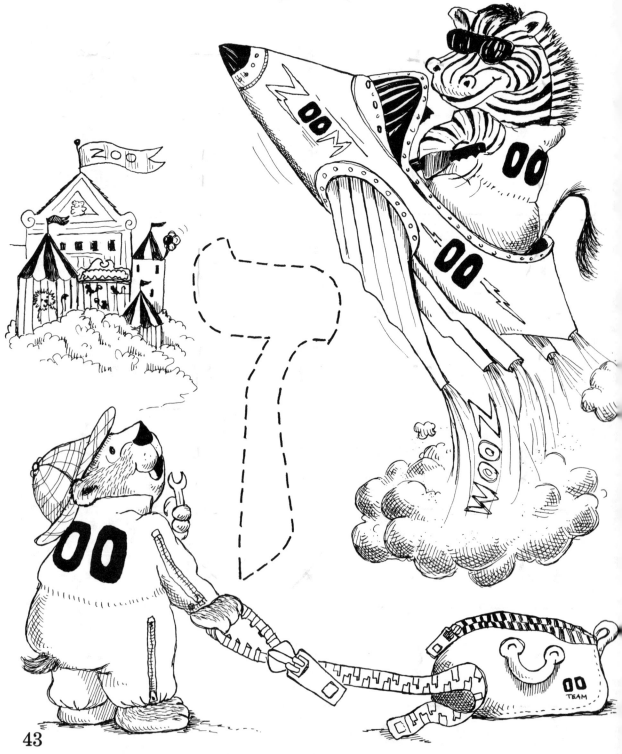

ת	ר	ד	ע	
ן	ז	ג	נ	
תּ	כ	כּ	בּ	
ח	שׂ	ק	שׁ	
א	ח	ת	ה	
ג	נ	ר	י	
ר	ד	ם	ת	
ד	ז	ל	ך	

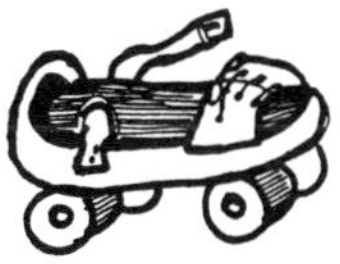

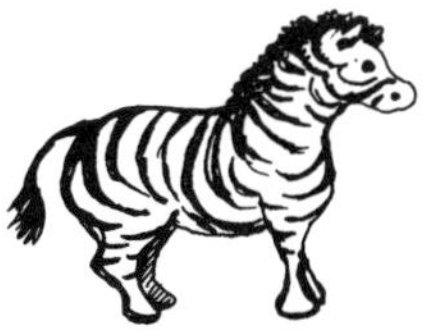

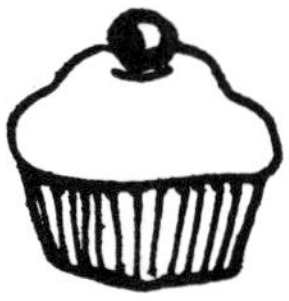

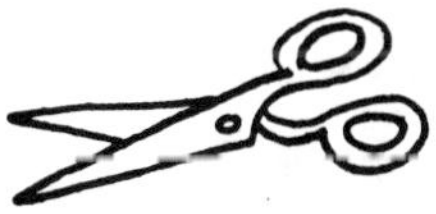

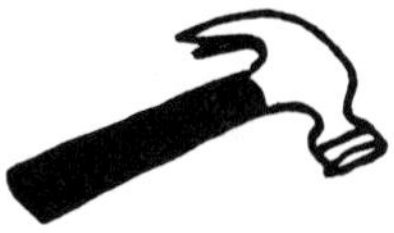

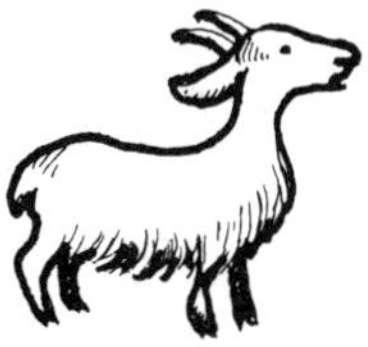

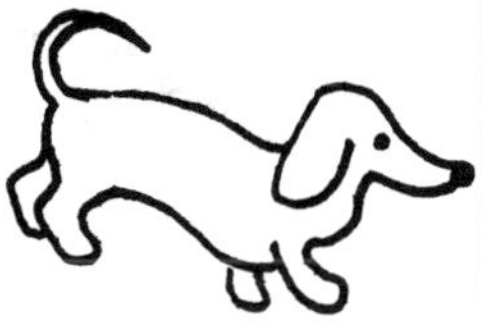

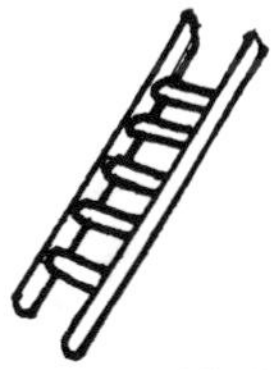

Tet ט

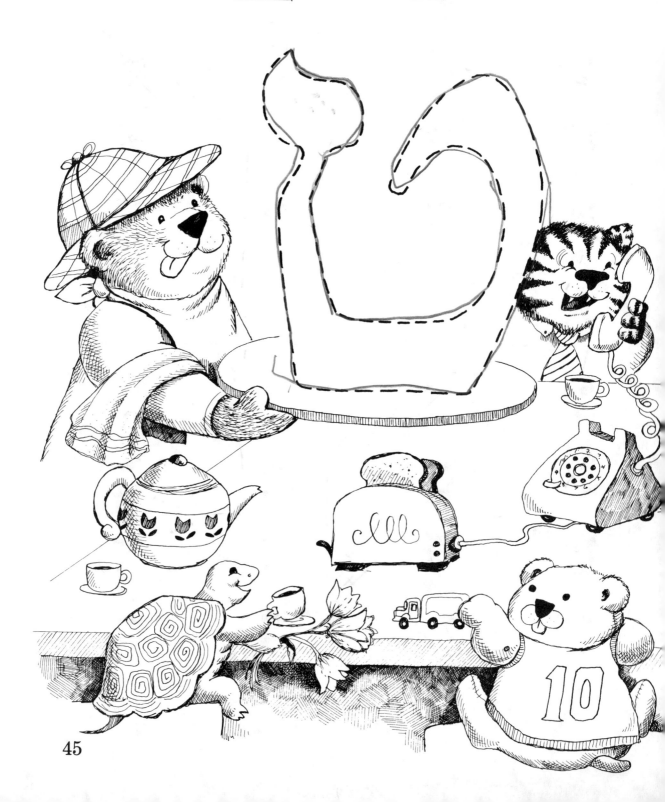

בּ	כּ
כּ	תּ
תּ	בּ
ל	ל

ח	שׁ
שׁ	ה
שׂ	שׂ
ה	ח

כ	כ
ר	ך
ך	ד
ד	ר

ג	ז
ז	ט
ט	ג
מ	מ

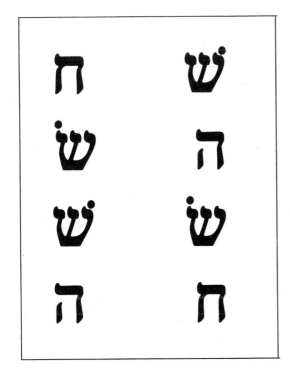

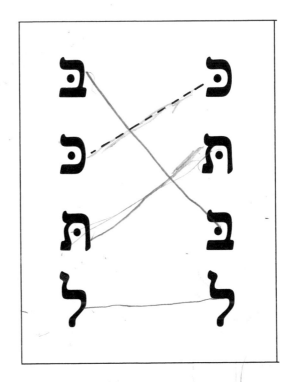

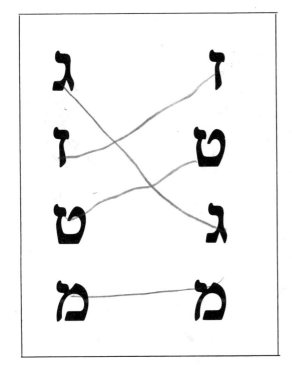

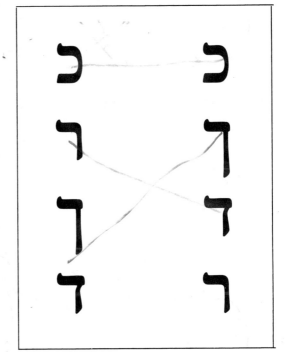

Pay פ

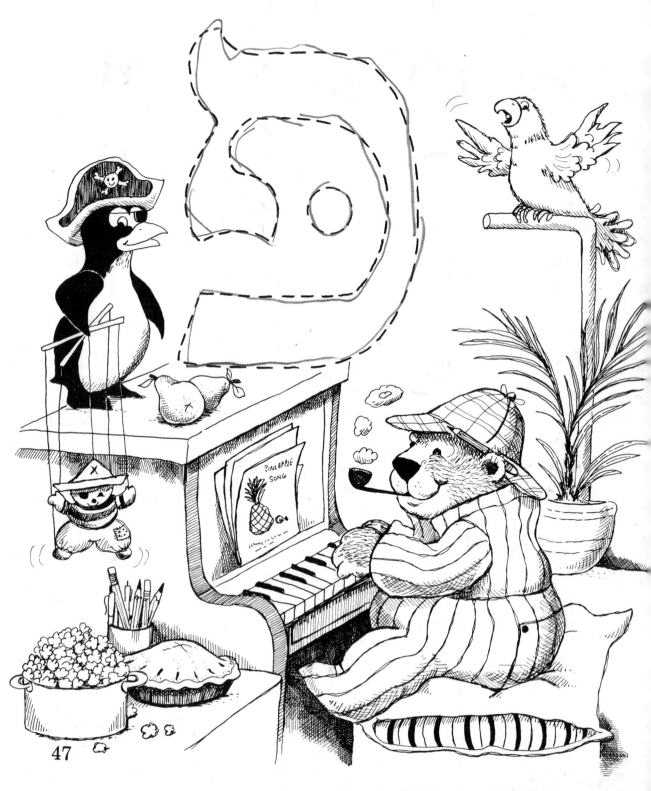

47

ק	כ	ב	כ	כ
ע	ט	ט	מ	ט
פּ	בּ	פּ	כּ	פּ
ד	י	ז	ז	ז
שׁ	שׁ	שׁ	פּ	שׁ
א	ט	א	מ	א
ג	ג	נ	ז	ג
ר	ק	ר	ד	ר

Fay פ ף

5
WORMS
4

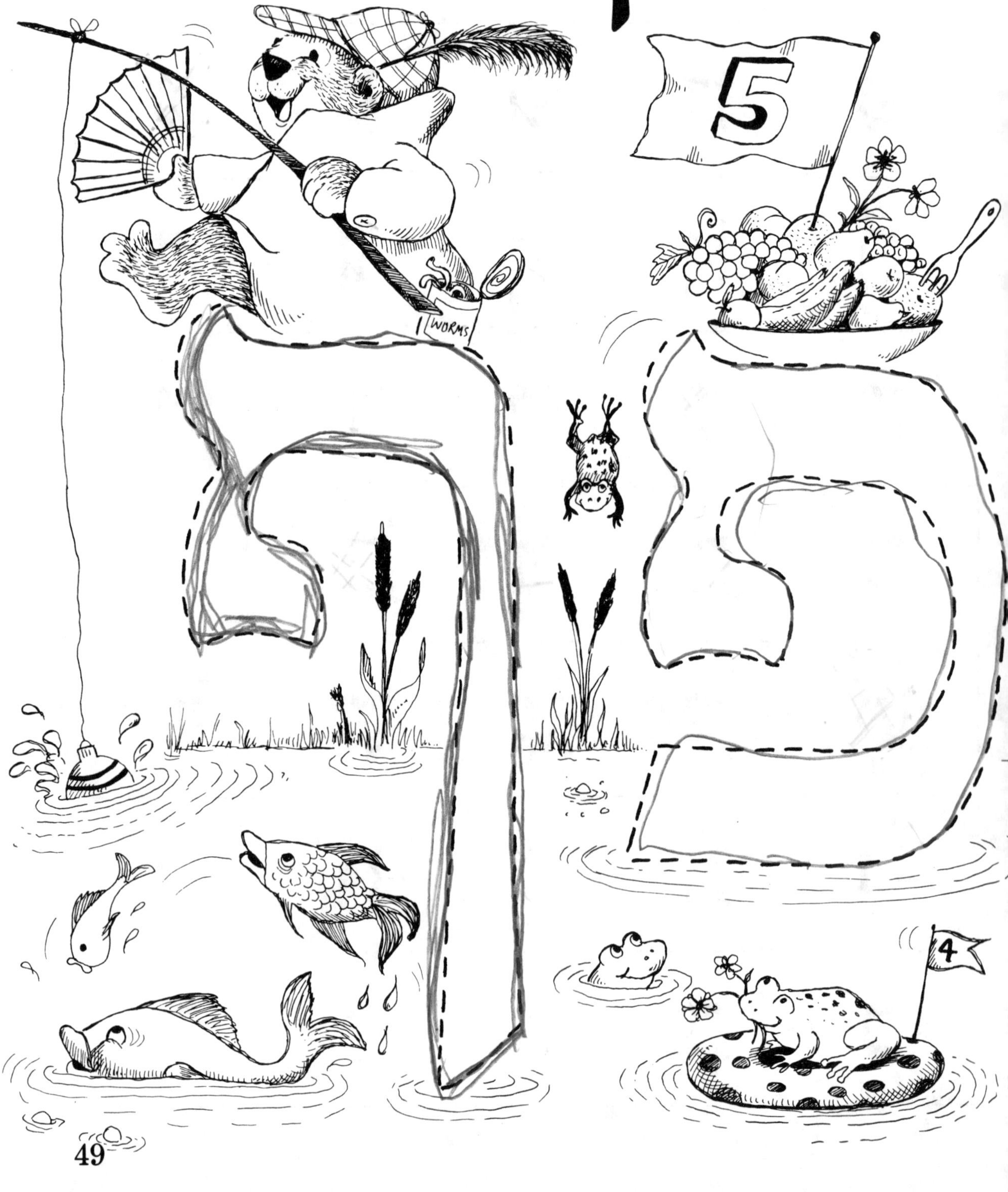

ל	ל	ק	ל	ל
פּ	פּ	פּ	פּ	כּ
ף	ף	ף	ך	ף
ט	מ	ט	ט	ט
בּ	בּ	בּ	כּ	בּ
שׁ	שׂ	שׂ	שׂ	שׂ
ת	ת	ח	ת	ת
כ	ב	כ	כ	כ

Tsadee צ ץ

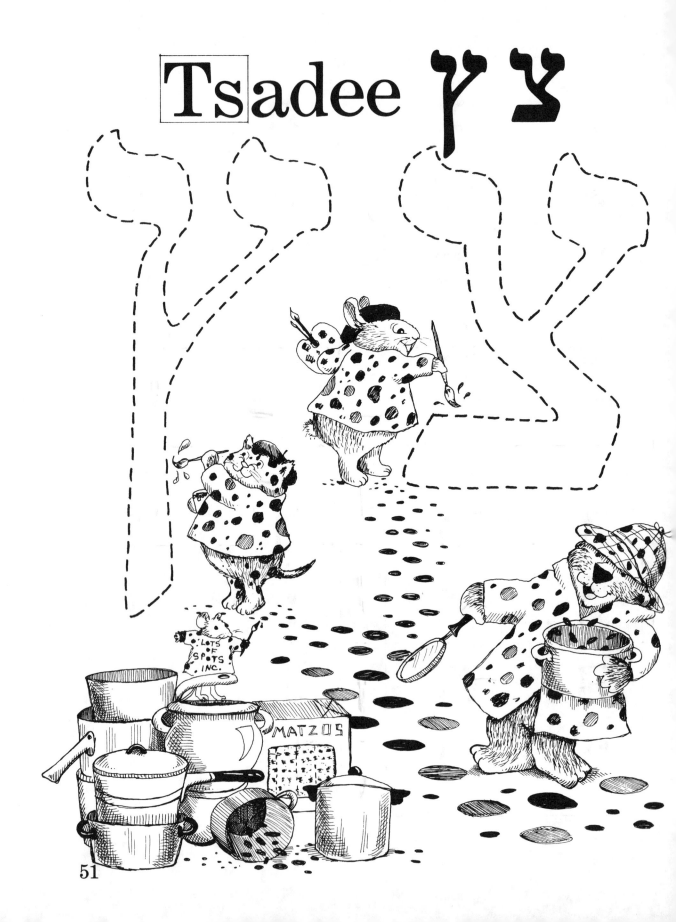

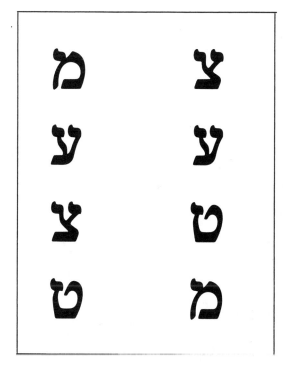

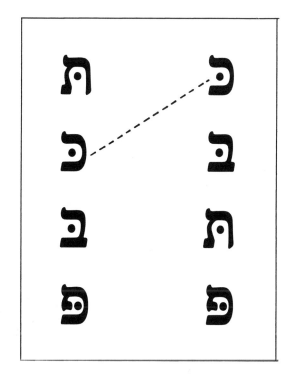

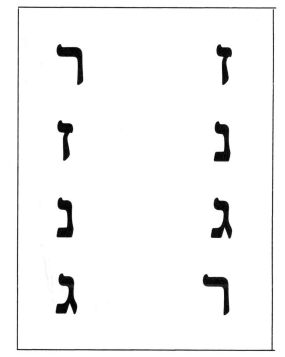

תּ	כּ
כּ	בּ
בּ	תּ
פּ	פּ

מ	צ
ע	ע
צ	ט
ט	מ

ר	ז
ז	נ
נ	ג
ג	ר

ה	ה
ת	ח
ח	ת
ב	ב

Vav ו

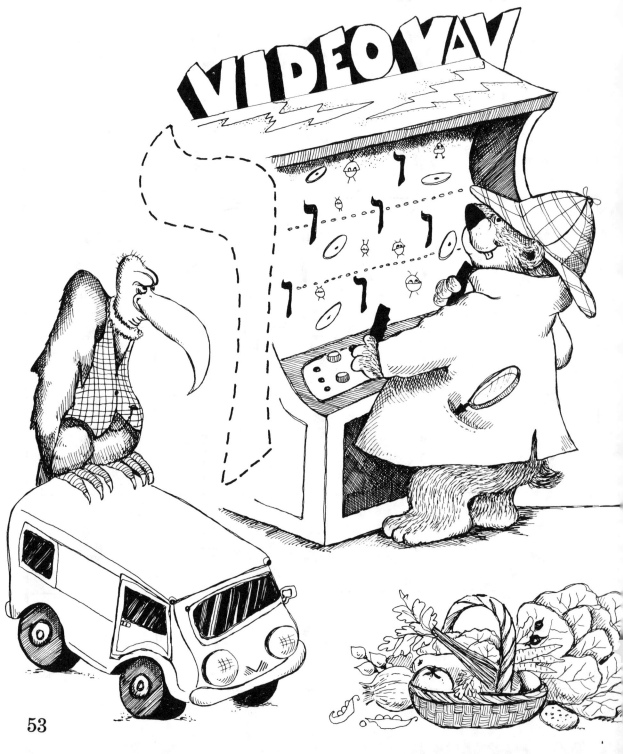

ו	ד	ד	ר	ד
ט	צ	מ	ט	ט
כ	כ	ר	ב	כ
ף	ן	ף	ך	ף
ו	נ	ג	ג	ג
ז	ו	ו	ן	ו
פּ	כּ	בּ	פּ	פּ
ה	ת	ה	ח	ה

Samech ס

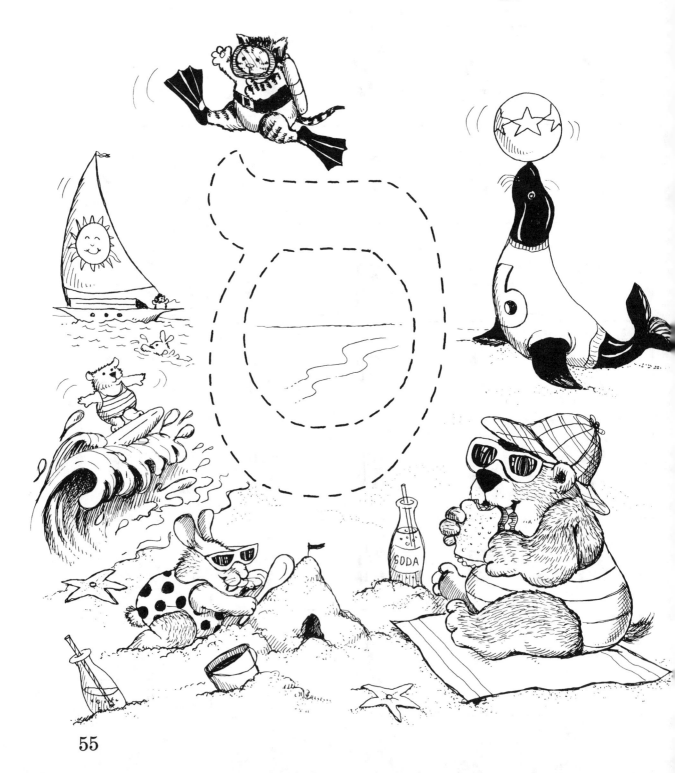

ק	בּ	כּ	ל	
ם	ס	שׂ	שׁ	
ת	ב	ו	ז	
פ	כ	ף	ך	
כּ	כ	ך	ח	
בּ	כּ	פּ	תּ	
ת	תּ	מ	ט	
ז	ו	ג	י	

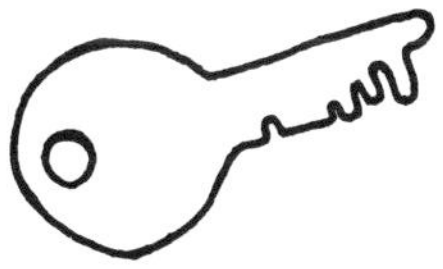

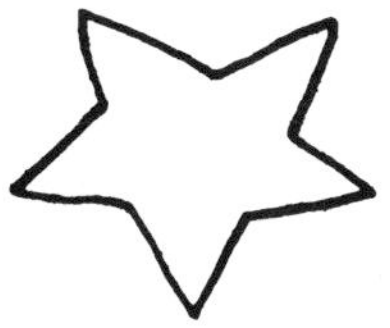

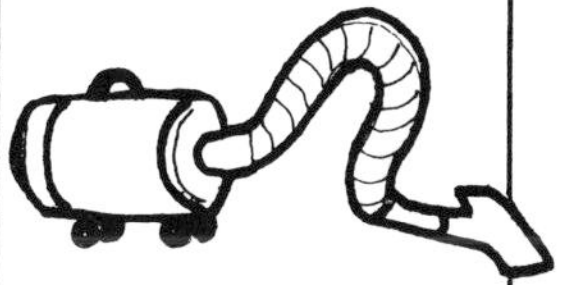

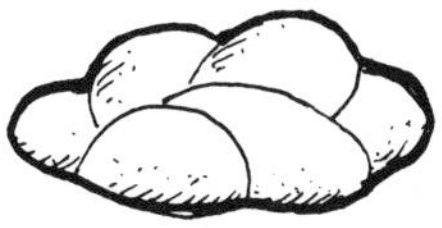

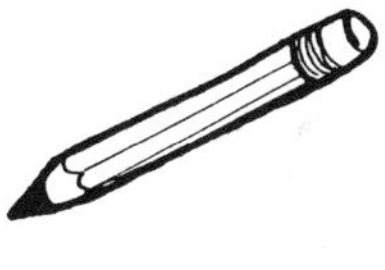

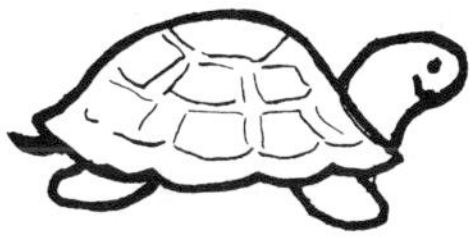

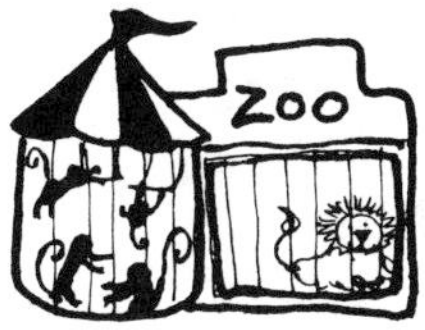

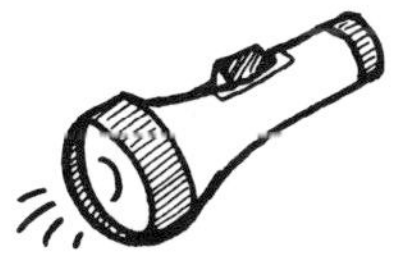

ט	ע	צ	א	
כ	ת	ה	ח	
ו	ג	נ	ז	
ס	ם	ט	מ	
ו	ן	נ	ג	
ל	ק	ן	ו	
ת	ר	כ	ד	
ר	נ	ו	ד	

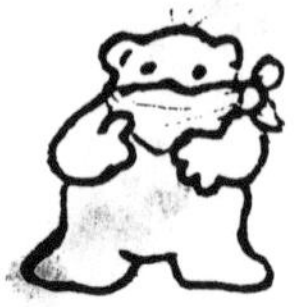

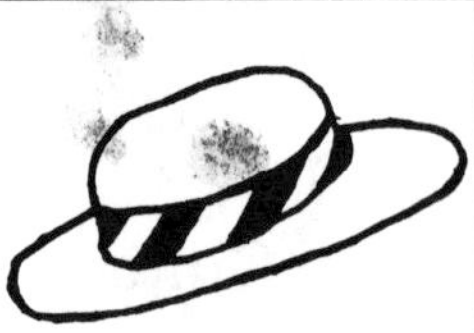

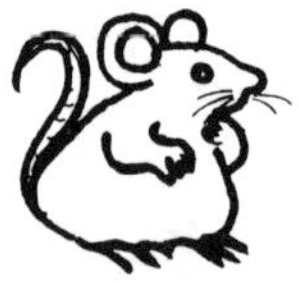

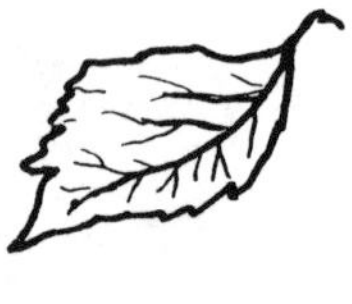

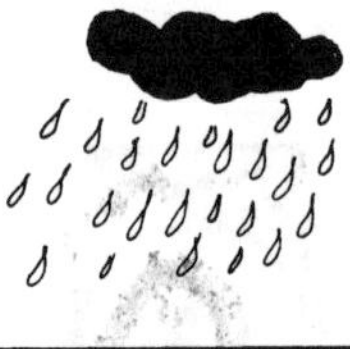

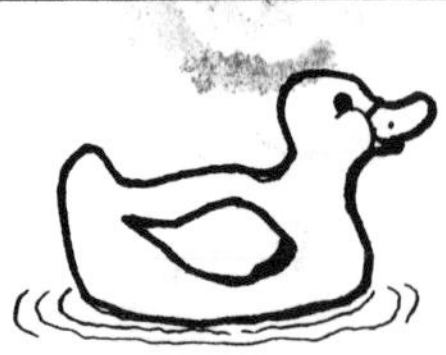

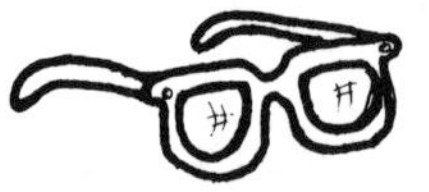

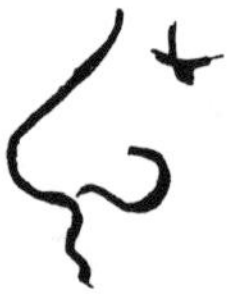

Color

Gimmel	Vet	Bet	Alef
Zayin	Vav	Hay	Dalet
Kaf	Yod	Tet	Chet
Mem	Mem	Lamed	Chaf · Chaf

58

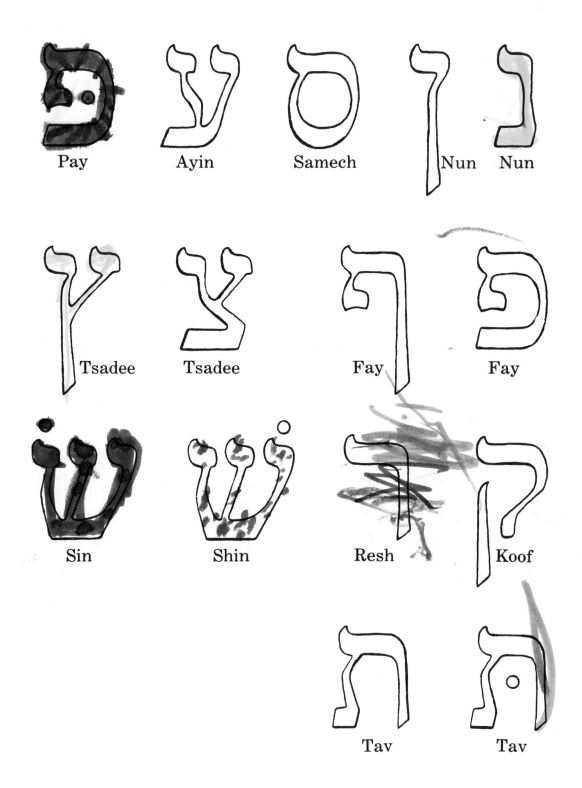

פּ	ע	ס	ן	נ
Pay	Ayin	Samech	Nun	Nun
ץ	צ	ף	פ	
Tsadee	Tsadee	Fay	Fay	
שׂ	שׁ	ר	ק	
Sin	Shin	Resh	Koof	
ת	תּ			
Tav	Tav			

Trace

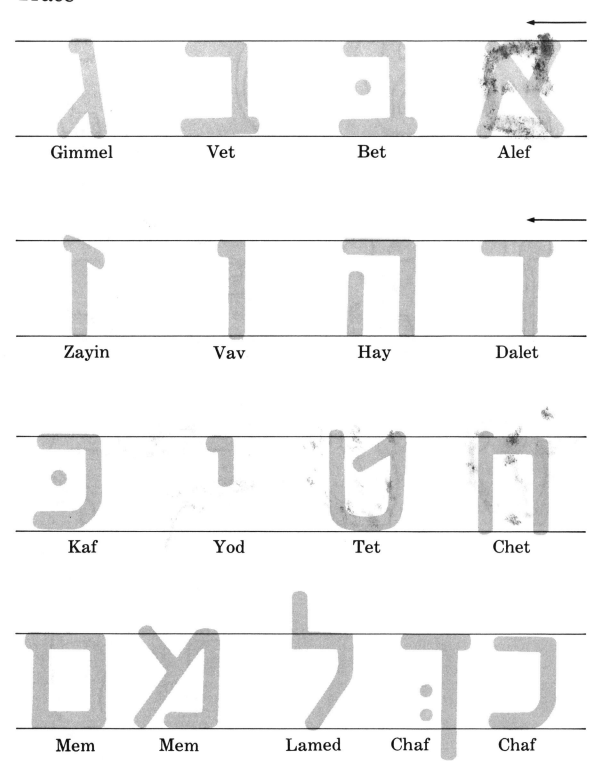

ג	ב	בּ	א
Gimmel	Vet	Bet	Alef

ז	ו	ה	ד
Zayin	Vav	Hay	Dalet

כּ	י	ט	ח
Kaf	Yod	Tet	Chet

ם	מ	ל	ךְ	כ
Mem	Mem	Lamed	Chaf	Chaf

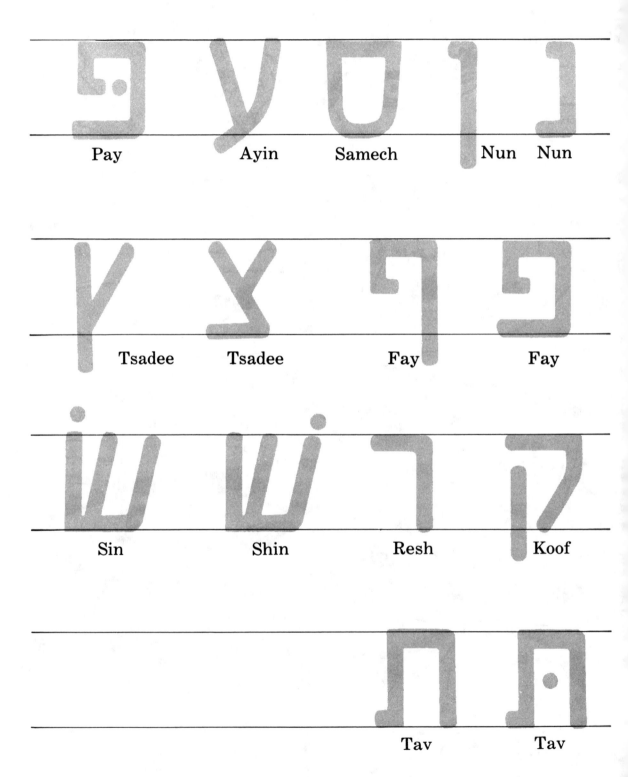

פּ	ע	ס	ן	נ
Pay	Ayin	Samech	Nun	Nun

ץ	צ	ף	פ
Tsadee	Tsadee	Fay	Fay

שׂ	שׁ	ר	ק
Sin	Shin	Resh	Koof

ת	תּ
Tav	Tav

HEBREW WAY
QUIET
בּ
ב
א
ח
ט
י
כּ
כ
פּ
פ
ף
צ
ץ
ק
ר
שׁ

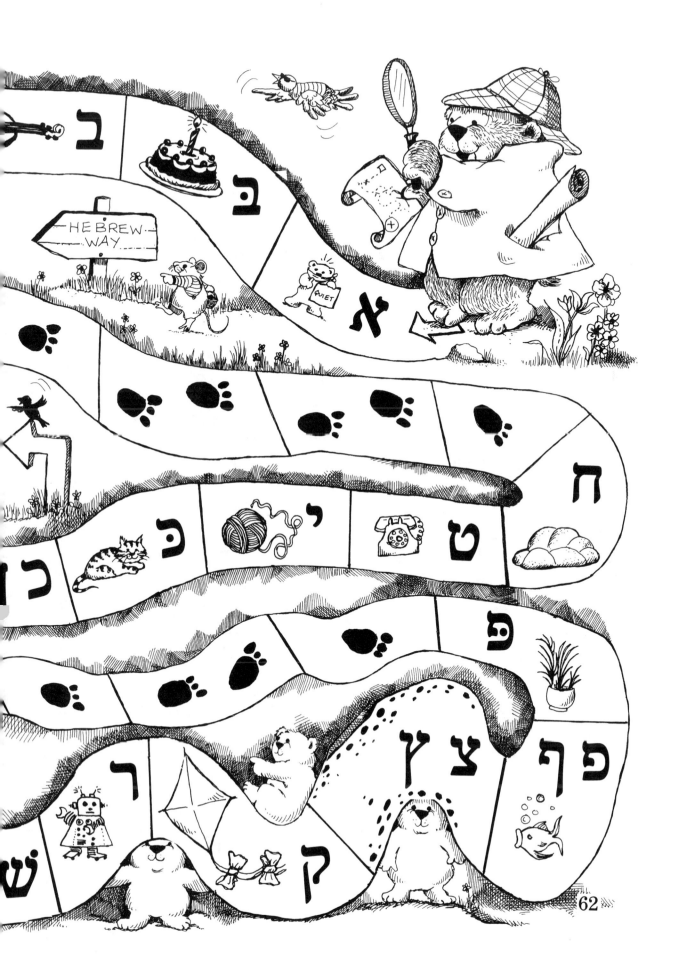

ג
ד
ה
ו
ז
ל
מ ם
נ ן
ס
ע
ש
ת ת

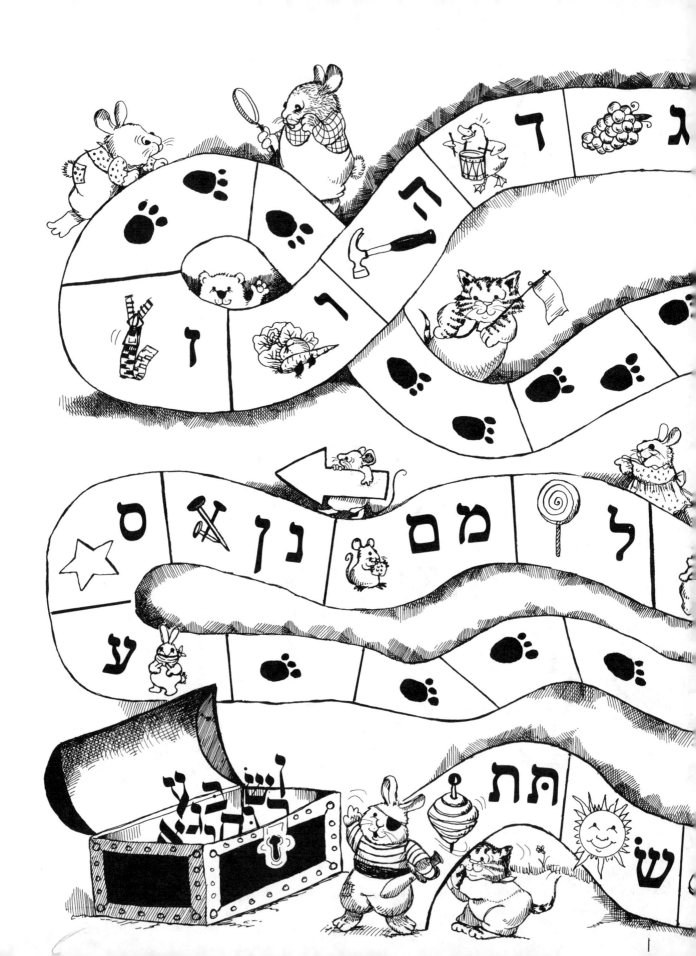

Sam the Detective

certifies that

_____

name

is Ready to Learn

to Read

HEBREW